Biblia
en sopa de letras

Salmos

Versos seleccionados

Letra GRANDE
Versión para Mujeres

Vol.1

I&C

Dedicado para todas aquellas maravillosas mujeres que buscan entretenerse y aprender de forma divertida de la Santa Biblia.

¡Te queremos leer!

La voz de nuestra audiencia es muy importante y determinante para nosotros. Realmente apreciamos conocer tu opinión del libro, nuestro principal objetivo es la satisfacción de nuestros usuarios. Te agradecemos por dejar tu comentario, mejor conocido en la comunidad como: review.

Introducción

Este Maravilloso libro de **Sopa de Letras** de **Salmos Bíblicos**, fue creado con amor y dedicación, para estimular la imaginación, producir nuevas redes sinápticas, contribuir a mantener la plasticidad del cerebro y la memoria. Nuestro objetivo es ofrecer entretenimiento y disfrutar de cada día de la Santa Biblia de una forma diferente.

En el encontrarás **40 Salmos,** y al final del libro sus respectivas soluciones.

Elaborado en versión para **mujeres,** con letras **GRANDES** para facilitar la lectura.

¡Disfrútalo!

Para este libro hemos utilizado La Biblia. Edición pastoral 1972, Latinoamericana, la cual está en el dominio público.

—————※—————

Z T A M O J M Y D P N A D
O S O H C I D N R S B X R
V E A F O D A E O U M E O
I R T R Q D U D R C J Q R
E O N U M N A L A A H C A
N D U T I V O T L R A E L
T A J O L N S L N M G A N
O C N A E T O I I A T A I
D E M S R F I N E I L V E
S P A M B T O E D N E P D
B L J Z M L M E M R T N M
Z T A M O J M Y D P N A D
W W P D H T Y E L R O D L

Salmo 1: Los dos caminos (1-4)

*1 **Dichoso** el **hombre** que no va a **reuniones** de **malvados**, ni sigue el **camino** de los **pecadores** ni se **sienta** en la **junta** de **burlones**, 2 mas le **agrada** la Ley del Señor y **medita** su Ley de **noche** y día.*

*3 Es como árbol **plantado** junto al río, que da **fruto** a su **tiempo** y tiene su **follaje** siempre **verde**. Todo lo que él hace le resulta. 4 No sucede así con los impíos: son como **paja** llevada por el **viento**.*

```
C A P E G M Y E B R D G M
S C I E L O S D Z C P W O
E O J O N E Z R O R U F E
N S O B E R A N O S N P R
O T N A S F S D S A U P F
I S Y G N A U E V E T O A
C A P E G M Y E B R D G M
A N L R R E L L R I Y A E
N E A R R B O E G Z R R B
L D N G U S U N T R A O S
O A E S M I U R E N G S I
N C S P P N D I L U O L N
V W V T M N T O Y A Z M N
```

Salmo 2: Los dos reinos (1-6)

*1 ¿Para qué meten **ruido** las **naciones** y los **pueblos** meditan vanos **planes**? 2 Se **sublevan** los **reyes** de la **tierra**, y sus **fuerzas** unen los **soberanos** en contra del Señor y de su **Ungido**. 3 «¡Vamos, dicen, rompamos sus **cadenas** y su **yugo** quebremos!»*

*4 El que se sienta en los **cielos** se sonríe, el Señor se **burla** de ellos. 5 Luego les habla con **enojo** y su **furor** los amedrenta: 6 «Yo soy quien ha **consagrado** a mi **rey** en Sión, mi **monte santo**.»*

O T N O R P X S A L Z A N
Z M Q S Z E O E S C U D O
Q S D L E S S A Z E B A C
Z Y O T T T Z P B Z D V L
S O G I M E N E O V T N M
M N E E D A A E E N M D D
A N A J T Z R R I A D U L
E I Y C A N S A L D E E O
S Q R N U A O V C R V L D
R A E O R E A M M A B M P
L M N I L D S O N E M D B
A V O T O G W T U G Z V L
V S L S O N A P O Z K J W

Salmo 3: !Cuántos son mis enemigos! (1-9)

*1 ¡Señor, cuántos son mis **adversarios**, 2 cuántos los que se **alzan** contra mí! 3 ¡Cuántos los que me dicen: «Ya no tienes en **Dios** salvación»! 4 Mas tú, Señor, eres mi **escudo**, mi **gloria**, el que **levanta** mi **cabeza**. 5 Tan **pronto** como llamo al Señor, me **responde** desde su **monte santo**. 6 Yo me **acuesto** y me **duermo**, y me levanto: el Señor me **sostiene**. 7 No le temo al pueblo que me rodea, que por todas partes me **amenaza**. 8 ¡Levántate, Señor! ¡Sálvame, oh Dios mío! Tú golpeas en la **cara** a mis **enemigos** y a los **malvados** les rompes los **dientes**. 9 La salvación viene del Señor, que tu bendición venga sobre tu **pueblo**.*

```
R E B O S E N R O S T R O
S O I C I F I R C A S Y V
J A O G E I S O S M D I N
M N L R Y D M T R D N B P
W G A L V E R E A O D A V
D U H X I I S D N E Z N L
E S C D G V I C N T A J S
F T U O M R A T U C I E T
E I C J U O E R Z C R R N
N A S G M N C E A O H A A
S R E A D Z R A ñ M M A X
O S L E R F G E M A R J Q
R L R K O Q S D Y A K L B
```

Salmo 4: Oración de la noche (2-9)

*2 ¡Cuando **llamo**, respóndeme, Dios mi **defensor**! En la **angustia** tú me has dado **sosiego**: ten compasión de mí y **escucha** mi oración. 3 ¿Hasta cuándo, **señores**, no querrán **entender**? ¿Por qué **aman** la falsedad y buscan la **mentira**? 4 Sepan que por mí **maravillas** hace el Señor, tan pronto como lo llamo, él me **escucha**. 5 Si tienen rabia, no se arriesguen, guárdenlo para ustedes, en la **cama**, y quédense luego callados. 6 Según la ley **ofrezcan sacrificios** y pongan su confianza en el Señor. 7 Muchos dicen: «¿Quién nos hará ver la dicha? ¡Muéstranos, Señor, tu **rostro** alegre!» 8 Que **rebosen** de **trigo** y **vino**, más alegría das tú a mi corazón. 9 En **paz** me acuesto y en seguida me duermo, pues tú sólo, Señor, me das **seguridad**.*

```
D P P R V I O L E N T O S L
E A E S C U C H A S R I N Y
S L J P Z A A O A Q M Z W T
T A M D R T R R B P G A X G
R B L I S O I E L R D G B Z
U R C U R T M O P I A O B Z
Y A G L N A R E G S D N T K
E S T E A O D O S A E Z O V
S O M S N M C A V A J E U Q
R O Y K E A O L J X S D X P
W E I E B R A R D L B G Y Q
B T Y D S M P N L B N M D D
```

Salmo 5: Oración al despertar (2-7)

*2 Señor, **escucha** mis **palabras**, y a mi **queja** pon atención.*

*3 **Presta** oído a mi **clamor**, ¡oh mi **rey** y mi **Dios**!*

*3 Pues a ti te **imploro**, Señor. 4 Desde la mañana **oyes** mi **voz**.*

*4 Desde la mañana te hago **promesas** y me quedo a la **espera**.*

*5 Tú no eres un Dios al que le **gusta** la maldad, ni el **malvado** tiene en ti **acogida**. 6 Los **insensatos** no aguantan tu **mirada**, detestas a los que **obran** la maldad.*

*7 A los que hablan **mentiras** los **destruyes**: Odia el Señor a **violentos** y embusteros.*

O O R E P R E N D A S L Q
D L D E T N E M A M U S R
A M P I S A Z R E U F Z G
U S R K C I N U N D O X Q
N S O S T E N E R M E T C
E S E J O Z J N R T Q O W
T E A U O T V E J E N L G
X M T L G R R Z V S I E L
E P O R V I G E U N M N A
N A H L E A T M U I E D A
A P C T R U E S R M I L A
R O E G J N M M A V B R N
G B L W W P J T M C I G M

Salmo 6: (2-8)

*2 Señor, no me **reprendas** en tu **ira**, ni me **castigues** si estás enojado. 3 Ten compasión de mí que estoy sin **fuerzas**; sáname pues no puedo **sostenerme**. 4 Aquí estoy **sumamente** perturbado, y tú, Señor, ¿hasta cuándo?...5 Vuélvete a mí, Señor, **salva** mi **vida**, y líbrame por tu **gran** compasión. 6 Pues, ¿quién se acordará de ti entre los **muertos**? ¿Quién te alabará donde **reina** la **muerte**?*

*7 **Extenuado** estoy de tanto **gemir**, cada noche **empapo** mi cama y con mis lágrimas **inundo** mi **lecho**. 8 Mis **ojos** se **consumen** de tristeza, he **envejecido** al ver tantos enemigos.*

```
S N M A N C H A D O X D T
N E J U I C I O E L L M K
E R R G J F O T M A N O S
P T D O U D S I O Y D D A
A S T R D A E P G E Z N M
R A O A L I R V S U E B M
T R L P G E U P U D F A B
A R A C S I O G R E L E V
S A O O A J S O E D L E R
X U R V A N D R A S V T D
T E E D L I C D E L R N O
S Q O L O O L E A P N E Z
L L N S O M P S B W P N P
```

Salmo 7: Líbrame de mis perseguidores (2-8)

*2 Señor, **Dios** mío, en ti yo me **refugio**, líbrame de mis **perseguidores**, sálvame. 3 No sea que me **atrapen** como un león, y me **arrastren** sin que nadie me **salve**. 4 Señor Dios mío, si he actuado mal, si ha **manchado** mis **manos** la **maldad**, 5 si he **devuelto** mal por bien, o **despojado** sin razón a mi contrario, 6 que mi enemigo me **persiga** y me **alcance**, que me **aplaste** contra el **suelo** y esparza por el **polvo** mis entrañas. 7 Enójate, Señor, y ponte en pie, haz frente al **furor** de mis **opresores**. 8 Despiértate, oh Dios, y **ordena** el **juicio**.*

```
D Y E N E M I G O S D C A
A M I C N E N Z Z M O R B
N E D N U F N O C N B N W
Z E Q G N N H A T O I M S
J M S X R O O R R N B O B
Q S G T M A A M F R ñ T J
G Q E B R R N E B I E X N
S L R D I E R D N R P I D
O E O O L I L B E O E E T
L H S R O E O L D Y D J A
E I Y R I C B E A O W D R
I J G D A A R E S S O D J
C O N S P Y R P R T Q Z J
```

Salmo 8: Gloria de Dios y dignidad del hombre (2-6)

*2 ¡Oh Señor, nuestro Dios, qué **grande** es tu **nombre** en **toda** la **tierra**! Y tu **gloria** por **encima** de los **cielos**.*
*3 Hasta **bocas** de **niños** y lactantes recuerdan tu **poder** a tus **contrarios** y **confunden** a **enemigos** y **rebeldes**.*
*4 Al ver tu cielo, **obra** de tus **dedos**, la luna y las **estrellas** que has fijado, 5 ¿qué es el **hombre**, para que te acuerdes de él? ¿qué es el **hijo** de Adán para que cuides de él?*
*6 Un poco **inferior** a un dios lo hiciste*

```
O P O N E R B M O N N M J
D D D D A S O H C E R E D
A S R S M Z A T D J M J E
C A E J E M E E R C U N M
I L U A L N C I I O E E P
D L C A B O O U P M N R Z
N I E S R A D I I O O O P
I V R T E A T G C C R E B
V A E O D N O I L A R T C
I R L E T S T A D E N A Y
E A S A Z S M A C O U X Y
R M B V B E U E D S Y P X
Z L X P B E N J A O N Q D
```

Salmo 9: Dios, refugio del oprimido I (2-7)

*2 Que mi **alma alabe** al Señor y **proclame** todas sus **maravillas**...
3 En ti me alegraré y me regocijaré, y cantaré a tu **Nombre**, oh
Altísimo. 4 Porque mis enemigos **retroceden, tropiezan** y **perecen**
ante ti. 5 Te has **sentado** en tu **trono** cual **juez justo** y has
reivindicado mi **causa** y mis **derechos**. 6 Has **abatido** a las
naciones, has hecho perecer a los malvados y has borrado su
nombre para siempre. 7 Los **enemigos** fueron aniquilados,
arruinados sin remedio; sus **ciudades** fueron devastadas, perdido
su **recuerdo**.*

E B R A P E O R R A B Y D
S Y E R A B R Y M P M B A
C R C B G H Z P O A O D T
U W O E A Y U D M D N M R
C S N I N R E M I E S O G
H A F U O R L M I E I D S
A T O Q S J I M R L E S A
S N R L T R O R A F D T W
V E T D P C O R E N E E R
I U A O N C R N O N E U S
S C S E O E D Z T L E P M
T Z Y S I E K O M G O V D
O W B T R X S L O D R D K

Salmo 10: Dios, refugio del oprimido II.   (14-17)

*14 Pero tú has **visto** la **pena** y el **dolor**, los miras y los recoges en tus **manos**. A ti el desamparado se **encomienda**, a ti que al huérfano **socorres**.*

*15 **Quiebra** el **poder** del impío y del malvado, haz que de su maldad te rinda **cuentas** y que no se vea más.*

*16 El Señor es rey ahora y para **siempre**, los **paganos** ya no se ven en su **tierra**.*

*17 Tú **escuchas**, Señor, el **ruego** de los **humildes**, **reconfortas** su corazón y están **atentos** tus oídos 18 para **defender** al huérfano y al **oprimido** y así los hombres de **barro** no puedan oprimirlos.*

```
S A J U S T A N S J P P P
E T E N S A N O F A U X R
N R R G L A R L L E N E W
O R R V D I E E S P C T S
B A O N O C A T V T M O O
R M Z D H I O Z O O D E P
A A Y A A T G S U I L B T
C A S Y A S P U D F M L V
M N D R Z U A N F I R I Q
O Y C R J J E R R E E E Y
N O T D E C P A B N R M N
T T Y T N U D K T A X R B
E D Y E Y A C O M T D B W
```

Salmo 11: El justo no se ajusta (1-7)

*1 En el Señor he **puesto** mi **refugio**; ¿cómo dicen a mi alma: «Huye, cual un pájaro, hacia el **monte**, 2 porque los impíos **tensan** su **arco**, y **ajustan** sus **flechas** a la **cuerda** para herir en la sombra a los de recto corazón? 3 Si han cedido los cimientos, ¿qué puede hacer el justo?» 4 El Señor está en su **templo santo**, el Señor tiene su trono en el cielo. Sus ojos están observando y fija su **mirada** en los hijos de Adán. 5 El Señor explora al justo y al impío, y su alma odia a quien ama la violencia. 6 Hará **llover** sobre los malvados **carbones encendidos** y **azufre** y un **viento abrasador** les tocará en suerte. 7 Porque el Señor es justo y **ama** la **justicia**, los que son **rectos** contemplarán su rostro.*

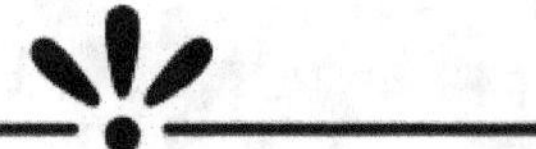

D A S E D L I M U H I Y L D
E R O R R O C O S N V K T B
S R J S G Z B R T O A B D D
P A X R E B B E A U I E Y J
R N Z L K R R U G N S B T M
E Q A T X V B N E P I Q A L
C U J R I L E M O N X M P L
I E S E T L E J O Y O A O N
A S N O T N A V D H L S B D
D E E T M D E O A A Z U V G
O L M S O E B U B N E K I B
V A M S A L B R C N T M D Q
T E D N E R A A A N E O V D
B L L Z N S F S S N E R G J

Salmo 12: Contra el mundo mentiroso (2-6)

2 **Interviene**, Señor, porque ya no hay hombres **buenos** ni se **encuentran** ya **hombres leales**. 3 Cada cual engaña a su prójimo, se dicen **buenas palabras**, pero con **doblez**. 4 Que el Señor **arranque** los **labios** mentirosos y la **lengua** que dice grandes **frases**. 5 Pues dicen: «Con palabras todo lo conseguiremos; si **sabemos** hablar, ¿quién nos va a **dominar**?» 6 «Los pobres son **despojados**, **gimen** los **humildes**, ahora me **levanto** —dice el Señor— y prestaré **socorro** al que es **despreciado**.»

```
S T A M L A C M U E R T O S
L A R D N Z I O G I M E N E
A P R I D L T Y R L S S L R
L I Z A U T G O D A A L A R
Q C T M T N R B R L Z L J B
L A I S M L F I V T E O Y W
R N A N U Q U A S G S O N Q
A T B L N G C C R T D O A B
L A O X E I N E O A E M R Q
I R N S O G N A T B R Z O X
C E D N Q J R A G E Y J A N
A P A D T V R I U Q O K X D
V N D N G T T D A S D Z L X
```

Salmo 13: Mira y escúchame (2-6)

2 ¿Hasta cuándo, Señor, **seguirás** olvidándome? ¿Hasta cuándo me **ocultarás** tu **rostro**? 3 ¿Hasta cuándo sentiré **angustia** en mi **alma** y **tristeza** en mi **corazón**, día tras día? ¿Hasta cuándo mi enemigo **triunfará** a costa mía? 4 ¡Señor, Dios mío, mírame y respóndeme! **Ilumina** mis **ojos** para que no me **duerma** con los **muertos**, 5 y no diga mi **enemigo** que acabó conmigo, ni mis adversarios se **alegren** al verme **vacilar**.

6 En cuanto a mí, confío en tu **bondad**; conoceré la **alegría** de tu **salvación** y **cantaré** al Señor que me ha **tratado** bien.

O A R T S E U M S O D O T
P T M M Z P O C Y A D A N
U R A K E D E I O I T W T
E E L S A N N D P S R W T
B B X R N C T M I I A B Z
L U N I L E O I N D C S N
O O S I S R S F R I O N X
H E N Q R T A N E A N V M
O A T O U M E L I E A N V
D J C N E E O B M L E L X
L N I S E Q D O G I T N B
B N M D M G C A B B R D N

Salmo 14: Un mundo sin Dios (1-4)

1 **Dijo** en su corazón el **insensato**: «¡**Mentira**, Dios no **existe**!»
1 Son **gente** pervertida que hacen **cosas infames**; ya no hay quien haga el **bien**.
2 Se **inclina** Dios desde el **cielo**, mira a los hijos de **Adán**, ¿habrá alguno que **valga**, siquiera uno que **busque** al Señor?
3 **Todos** están descarriados, y juntos se han **corrompido**. No queda ni un hombre **honrado** ni uno de **muestra** siquiera. 4 ¿No comprenderán esos malhechores que, cuando **comen**, se comen a mi **pueblo**? ¡No le han **pedido** a Dios la bendición!

```
C I A S W Z G S F O R J A
A N D K O Y A Q A A Y A N
L O N D N N B G T R I T Q
U C E J T R R S J C B A R
M E I A L A E O I N T O C
N N T Q V R T T B S T R T
I T H I P H S C E O I Q D
A E O D W U E L A M S I G
S S N A J J O R I R N P N
R D R D U M B N M E T E L
N J A R X N A A R A M E B
T J A E T L D O J E N M R
W R J V D J Q Y T O D O Y
```

Salmo 15: Señor, Quién morará en tu tienda? (1-5)

*1 Señor, ¿quién entrará **bajo** tu **tienda** y habitará en tu montaña **santa**? 2 El que es irreprochable y actúa con **justicia,** el que dice la **verdad** de corazón y no **forja calumnias;** 3 el que no daña a su **hermano** ni al prójimo **molesta** con **agravios;** 4 el que menosprecia al **criminal,** pero **honra** a los que **temen** al Señor; 5 y si bien al **jurar** se perjudicó, no se **retracta** de lo que ha dicho; el que no **presta dinero** a interés ni acepta **sobornos** para perjudicar al **inocente.** Quien **obra** así jamás vacilará.*

```
A E L P A R C E L A C O T
I S J I O S A N E P R B D
C C S D B I S U E R T E L
N O E I G A G D I C H O Q
E G R C R D C U A N E U B
R E B H W E Y I F M L R R
E N M A R D N L O E G E P
H V O G I E A A D N R M G
J G N O R B R R X G E W N
X A S R I E O B U J K S X
S E O O U C K M O D D Z T
S C S F G L G R N W X M Y
```

Salmo 16: El Señor es mi parte de herencia (2-8)

*2 Guárdame, oh Dios, pues me **refugio** en ti. Yo le he **dicho**: «Tú eres mi Señor, no hay **dicha** para mí **fuera** de ti. 3 Los **dioses** del país son sólo **mugre**, ¡malditos sean los que los **escogen** 4 y que **corren** tras ellos! Tan sólo **penas** cosecharán. No les ofreceré **libaciones** de **sangre** ni llevaré sus **nombres** a mis **labios**. 5 El Señor es la **herencia** que me **toca** y mi **buena suerte**: ¡guárdame mi parte! 6 El **cordel** repartidor me dejó lo **mejor**, ¡magnífica yo encuentro mi **parcela**! 7 Yo bendigo al Señor que me aconseja, hasta de noche me instruye mi conciencia. 8 Ante mí tengo siempre al Señor, porque está a mi derecha jamás vacilaré.*

```
E M R A T I S I V J T E C
A T C I D A D M V N S A S
A I C N E T N E S C M E Q
O L S R G I N J U I N C R
D O O M M E R H N D L E G
A T B K N N A O A A C U M
C I E P N D S S M T A Y L
E R R P R E N O O R W O G
P G A A X E R E D I S D S
L T N S G E S A M I B E V
R V O O S E D T R I I A L
K X Z S V O L C A P R X L
J R N T V R M P R N T C B
```

Salmo 17: Súplica del inocente (1-5)

1 **Escuha** mi **grito**, Señor, **atiende** a mis **clamores**, **presta** atención a mi **plegaria**, pues no hay engaño en mis **labios**.

2 **Dicta** tú mi **sentencia**, pues tus ojos ven lo que es **recto**.

3 Puedes escudriñar mi corazón o **visitarme** de noche, o probarme en el **crisol**, no hallarás **crimen** en mí:

4 No he **pecado** en palabras, como pecan los hombres; he **guardado** las palabras de tus labios, y seguido las **sendas** del Soberano. 5 **Afirma** mis **pasos** en tus **caminos** para que no tropiecen mis **pies**.

N	A	B	A	C	R	E	C	T	T	E	R	Z	
T	I	O	S	O	I	D	R	R	S	Z	Y	D	
T	R	R	C	O	L	A	I	C	E	S	N	S	
F	O	R	M	O	M	K	U	G	E	D	E	P	
O	T	A	O	P	V	D	D	G	N	T	E	A	
R	C	Y	A	D	O	N	U	A	N	O	C	S	
T	I	S	Q	D	A	R	I	E	B	O	Q	O	
A	V	K	N	G	I	T	R	T	R	F	L	Q	
L	M	Y	U	D	S	R	R	O	U	P	L	X	
E	N	A	A	U	O	P	R	E	M	I	R	N	
Z	S	D	G	T	P	R	R	E	B	A	J	M	
A	D	N	J	L	R	Z	T	R	M	I	L	R	
M	A	M	Y	Q	A	G	E	M	Q	Q	L	C	

Salmo 18: Un liberador da gracias a Dios (2-7)

*2 Yo te **amo**, Señor, mi **fuerza**, 3 El Señor es mi **roca** y mi **fortaleza**; es mi **libertador** y es mi **Dios**, es la roca que me da **seguridad**; es mi **escudo** y me da la **victoria**. 4 **Invoco** al Señor que es **digno** de alabanzas, y me veo **libre** de mis enemigos. 5 Las **aguas** de la muerte me envolvían, los **torrentes** devastadores me aterraban; 6 las **redes** de la muerte me **cercaban**, ante mí estaban tendidas **trampas** mortales. 7 En mi **angustia** yo invoqué al Señor, y clamé a mi Dios. Mi **clamor** llegó hasta sus oídos y desde su **Templo** oyó mi voz.*

```
A I R O L G H A B L A R B
O L E I C T P N O E Q N Y
A R R E I T X A T D O P G
T R N Y P G M I T T N R L
O T N E M A M R I F C U B
S O I D L S L C V O J E M
Q X T C N E I A N G J X A
Y Z O A S A S F B A O N B
W R R O O E I C S R E C B
P T N B H N L N U U A R E
D A R C E N E L S C Z S D
M A O S L M T E D O H Y G
D N T Z L J R R V Z M E G
```

*Salmo 19: Cont. – Súplica para alcanzar
la victoria (2-5)*

2 El **cielo proclama** la **gloria** de **Dios**

2 y el **firmamento** anuncia la **obra** de sus **manos**;

3 un día **transmite** al otro este **mensaje**

3 y las **noches** se van dando la **noticia**.

4 Sin **hablar**, sin pronunciar **palabras**,

4 sin que se **escuche** su **voz**,

5 **resuena** su **eco** por toda la **tierra**

5 y su lenguaje, hasta los **confines** del **mundo**.

Salmo 20: Continuación salmo 19 (2-7)

*2 Que el Señor te **responda** en el día **aciago** y te **proteja** el **Nombre** del Dios de **Jacob**. 3 Que del **Santuario** te envíe **socorro** y desde Sión te venga su **auxilio**. 4 Que se acuerde de todas tus **ofrendas** y reciba con **agrado** tu **holocausto**. 5 Que te conceda según tus **deseos** y lleve a buen fin todos tus **proyectos**. 6 Que podamos celebrar tu **victoria** y **enarbolar** el nombre de nuestro Dios. ¡Que el Señor **atienda** todas tus **peticiones**! 7 Ahora sé que el Señor salva a su **ungido**; le respondió desde su santo **cielo** y le dio la victoria: su diestra hace **proezas**.*

```
N Y S Q R F P S Z P R Q L
O R O E A A O L R O N O H
R N D V N E F E C A R O S
D A O J S O S N E G A D O
C R J E A E I C U Y D D T
M U D I N I S C A I E T Y
A S M T C L C A I B R R Y
J O A P R O A N N D E T Q
E S S N L Z G R E O N Z L
S L N O R I B E G S R E A
T Y P E M E D M R O E O B
A B U M Y A T O Q Q S R C
D F B N Y L F E Y B Y N P
```

Salmo 21: Acción de gracias por nuestro Rey (2-7)

*2 Señor, tu **fuerza regocija** al **rey**: ¡cómo se alegra si tú lo haces **triunfar**! 3 Le has **cumplido** sus más **caros deseos**, no le has **negado** lo que te pedía. 4 Tú le **presentas** buenas **bendiciones**, con **oro** fino **coronas** su **cabeza**. 5 La vida que te pidió, tú se la diste: **largos** días, muchos y muchos años.*

*6 Debido a tu **favor**, será muy **famoso**, derramas sobre él **honor** y **majestad**. 7 Has puesto sobre él bendiciones **eternas**, tú lo haces feliz con tu **presencia**.*

O L I B E R A B A S Y O O
S D A Z N A B A L A R Z Q
A N A S A L V A N T N O M
R A L N B R I O N A I V A
B B I J O S L E L R M I D
A A B Q R D U B A B C S P
L M R A L C N U J E E A N
A A E R N L T A R R D U G
P L S E E N A P B R J U P
G C W H A P S M E A S R D
Q M C S Z E O S O A T I M
K O D R D H Y S N K O P W
N T B Z R Y L O O S V M R

Salmo 22: Oración de Cristo en la Cruz (2-7)

*2 **Dios** mío, Dios mío, ¿por qué me has **abandonado**? ¡Las **palabras** que **lanzo** no me **salvan**! 3 Mi Dios, de día **llamo** y no me atiendes, de **noche**, mas no **encuentro** mi **reposo**. 4 Tú, sin embargo, estás en el **Santuario**, de allí sube hasta ti la **alabanza** de **Israel**. 5 En ti nuestros **padres** esperaron, esperaban y tú los **liberabas**. 6 A ti **clamaban** y quedaban **libres**, su espera puesta en ti no fue fallida. 7 Mas yo soy un **gusano** y ya no un hombre; los **hombres** de mí tienen vergüenza y el **pueblo** me **desprecia**.*

R S Q U E B R A D A S X M
E X O S E T I E C A Y C D
C M Z I K S R M S C O P A
O D Q N R O O A I N Q V J
N N Z O T A U T D E E V R
F R I S S G S U S R D B M
O A A M A N C R D A U O K
R P L S A E A E E E P A N
T A T T O C S C N V M V B
A M R E A P W O S L D M T
B O X A M L E P A E V A D
B R Y B V O R R R B Q D T T

Salmo 23: El Señor es mi pastor (1-5)

1 El Señor es mi **pastor**: nada me **falta**; 2 en **verdes pastos** Él me hace **reposar**.

2 A las **aguas** de **descanso** me **conduce**, 3 y **reconforta** mi **alma**.

3 Por el **camino** del **bueno** me dirige, 3 por **amor** de su nombre.

4 Aunque pase por **quebradas** oscuras, 4 no **temo** ningún mal,

4 porque tú estás conmigo 4 con tu **vara** y tu bastón,

4 y al verlas voy sin **miedo**. 5 La mesa has preparado para mí

5 frente a mis **adversarios**, 5 con **aceites** perfumas mi cabeza

5 y rellenas mi **copa**.

A	M	A	N	O	S	N	T	J	M	T	E	R
S	L	Z	Z	S	C	T	S	U	Y	R	M	W
S	E	M	J	A	M	I	N	A	B	L	S	Y
E	J	T	A	U	P	D	F	O	S	A	V	Y
R	S	C	N	G	O	O	S	I	I	O	P	Z
A	A	L	O	A	T	K	P	P	D	U	C	L
M	N	T	M	N	T	A	M	K	S	E	M	J
M	A	Q	I	I	T	I	R	O	T	N	A	S
V	V	C	E	O	L	I	B	R	A	R	U	J
L	E	R	D	R	Z	W	E	A	I	D	Z	R
R	R	O	R	U	W	Y	R	N	H	B	B	V
A	S	X	N	P	T	R	P	G	E	D	A	G

Salmo 24: El destino del hombre (1-4)

*1 Del Señor es la **tierra** y lo que **contiene**, 1 el **mundo** y **todos** sus **habitantes**;*

*2 pues él la **edificó sobre** los **mares**, 2 y la **puso** más **arriba** que las **aguas**.*

*3 ¿Quién subirá a la montaña del Señor? 3 ¿Quién estará de pie en su **santo recinto**?*

*4 El de **manos limpias** y de **puro** corazón, 4 el que no pone su **alma** en **cosas vanas** 4 ni **jura** con engaño.*

```
C  O  N  F  I  A  D  O  Y  E  T  R  N
E  N  E  M  I  G  O  S  T  R  Z  Y  O
S  L  C  O  S  O  R  E  N  E  G  D  N
E  O  Z  O  N  Y  R  V  C  S  A  R  C
R  P  R  E  N  N  E  O  E  Z  O  O  Y
E  S  U  E  I  F  M  S  N  R  N  I  C
N  B  A  D  D  P  U  O  P  O  D  A  D
Y  E  A  L  A  N  G  N  Z  E  M  A  X
E  D  T  S  V  R  E  C  D  I  R  P  D
B  L  I  N  E  A  A  S  N  I  A  A  Y
B  V  E  V  E  L  D  O  R  S  D  R  N
O  G  A  V  M  I  S  O  O  T  L  O  R
N  T  M  A  O  R  M  S  R  M  K  Q  S
```

Salmo 25: Invocar a Dios en la prueba (1-5)

*1 A ti, Señor, **elevo** mi **alma**, 2 a ti que **eres** mi **Dios**.*

*2 En ti he **confiado**, que no quede **avergonzado** ni se rían de mí mis **enemigos**. 3 Los que **esperan** en ti no serán **confundidos**, pero sí lo serán quienes te **mienten**. 4 Haz, Señor, que **conozca** tus **caminos**, muéstrame tus **senderos**.*

*5 En tu **verdad** guía mis **pasos**, instrúyeme, tú que eres mi Dios y mi **Salvador**. 5 Te estuve esperando todo el día, sé **bueno** conmigo y acuérdate de mí. 6 Acuérdate que has sido **compasivo** y **generoso** desde toda la **eternidad**.*

```
Y P M D L L M J D D Q B B A
O T E M A A B E U R P D T
A M O R L D S A S Y N D P
T T O O F V I O T E L A Z
O R S D I E D L S N I J Z
C L A A I A C X E C E A X
Z O B M V T L T N D B U O
E A T L P O R E O A I T C
R O A N S O I A Y S N F P
R M J I E C S O P E R O M
O D R O N I P O I D N W J
B C D O S A S S S M J X D
A X C K Q G T J E N W L N
```

Salmo 26: Oración del justo (1-5)

1 Júzgame, Señor, y ve que seguí la **senda** de los **perfectos**. En el Señor me **apoyaba** y por eso no me **desviaba**.

2 Revísame, Señor, y **ponme** a **prueba**; pon en el **crisol** mi **conciencia**, mi corazón.

3 Tu **amor** lo **tengo** ante mis **ojos** y tomo en **cuenta** tu **fidelidad**.

4 Con hombres **tramposos** no me **siento** ni me **meto** con los hipócritas.

5 **Aborrezco** el **partido** de los **malos** y con los **malvados** no me siento.

O S A R U Z L U D V I D A
C O R Z P N G B L S N L G
S I A R N E C O O A P Z B
U R R B A A R G Z T E M E
B A R A S T I E R A L M N
M R E A M M I F C A R G T
C T U C E P T B N E L U Z
A N G N O E A Z A O N L G
R O E R M M A R D H C L T
N C T E W N E I O B Q M D
E R R T Q J P R Z M Q G J

Salmo 27: Junto a Dios no hay temor (1-4)

1 El Señor es mi **luz** y mi salvación, 1 ¿a quién he de **temer**?
1 **Amparo** de mi **vida** es el Señor, 1 ¿ante quién temblaré?
2 Cuando los malvados se **lanzan** contra mí 2 para **comer** mi **carne**, 2 ellos, mis **enemigos** y **contrarios**, 2 **tropiezan** y **perecen**.
3 Si me sitia un ejército contrario, 3 mi corazón no **teme**;
3 si una **guerra** estalla contra mí, 3 aún tendré **confianza**.
4 Una cosa al Señor sólo le **pido**, 4 la cosa que yo **busco**
4 es **habitar** en la **casa** del Señor 4 mientras dure mi vida,
4 para **gozar** de la **dulzura** del Señor 4 y cuidar de su santuario.

```
O H E R M A N O S P W V B
D I N S S Z R M A N O S Y
A T C O C T A P G R I T O
W R R N N U L P O T N A S
G D R E E E C C B A J A N
O U D A G L U H O N L D G
S Q A A S R I L A L X M M
Y A R R R T P S A R O C A
V I G A D M R M T U M B A
A O T A E A O E M J B P L
L M Z T H M S Z S D M P V
```

Salmo 28: No te hagas sordo, Roca mía (1-3)

*1 A ti te **llamo**, Señor, **Roca** mía, no te **hagas** el **sordo**; no sea que, si **guardas silencio**, me **ocurra** como a los que **bajan** a la **tumba**.*
*2 **Escucha** la **voz** de mi **plegaria** cuando a ti **grito** y elevo mis **manos** hacia tu **Templo santo**.*
*3 Junto con los malvados no me **arrastres** ni con los que cometen iniquidad, que hablan de **paz** a sus **hermanos**, pero llevan **dentro** la maldad.*

```
N N D A T S E J A M Y R W
A E S O L E M N E L Y A D
V T R V A L N Y S B S B D
L U O B K I I A D O R E N
E B E I O A R T R D J D Q
U I R R V S B O U R L I M
V R B A L U D M L R T Z H
E T M L M N L F U G G T B
D R O E E I U I P T R I A
N B N L V E C O D U E G A
B J P X R H D N E L U R Z
K S B Z M E A N E A X O L
E X A Y R Y O Y S J V D Z
```

Salmo 29: El temporal. El Señor es quien pasa (1-4)

1 ¡**Tributen** a **Yahvé**, **hijos** de Dios, 1 tributen a Yahvé **gloria** y **poder**! 2 **Devuelvan** al Señor la gloria de su **Nombre**, 2 **adoren** al Señor en **solemne liturgia**.

3 ¡**Voz** del Señor **sobre** las **aguas**! 3 **retumba** el **trueno** del Dios de **majestad**: 3 es el Señor, por **encima** del **diluvio**.

4 Voz del Señor, llena de **fuerza**, 4 voz del Señor, voz **esplendorosa**.

```
S R P O C O R E O T I R G
W A V I D A R B L X Y O Y
C O N T R A R I O S D M J
F R S T B Y T T F A G N N
I R G A O S L N C O E T T
E C L M N E A A A T S V N
L A M D U A S I N V I A R
E E T V A E S A C S E T Z
S R E A N D C T I A U L L
R D Q O R R N T E M R T R
M X J Z R D A O B W X G P
R O G L D Z E A B R N P Z
```

Salmo 30: Te alabaré porque me has librado (2-6)

*2 Te **alabaré**, Señor, porque me has **levantado** y muy **poco** se han reído mis **contrarios**. 3 Señor, Dios mío, clamé a ti y tu me **sanaste**.*

*4 Señor, me has **sacado** de la **tumba**, me iba a la **fosa** y me has **devuelto** a la **vida**. 5 Que sus **fieles canten** al Señor, y den **gracias** a su Nombre **santo**. 6 Porque su **enojo** dura unos momentos, y su **bondad** toda una vida. 6 Al **caer** la **tarde** nos **visita** el llanto, pero a la mañana es un **grito** de alegría.*

```
L  R  J  U  S  T  O  P  Z  D  A  T  E
I  E  O  V  L  A  S  J  E  Q  S  K  L
B  C  X  T  N  D  P  F  L  A  C  O  R
E  I  A  A  M  U  R  A  L  L  A  D  O
R  N  Z  R  R  A  N  V  S  N  B  D  T
A  T  E  O  U  E  E  C  I  I  S  V  D
R  O  L  D  P  D  F  L  A  E  R  O  J
M  Z  A  I  X  O  C  U  G  D  J  P  T
E  D  T  D  D  N  N  I  G  O  E  S  Z
O  R  R  N  I  P  R  M  C  I  E  R  Z
Z  P  O  E  X  I  Y  A  E  R  O  Y  P
B  N  F  T  D  Q  L  N  E  G  J  G  B
```

Salmo 31: Señor, busco refugio en ti (2-5)

2 A ti, Señor, me **acojo**, no quede yo **nunca defraudado**: ¡tú que **eres justo, ponme** a **salvo**! 3 **Inclina** tu oído hacia mí, **date prisa** en **liberarme**. 3 Sé para mí una **roca** de **refugio**, el **recinto amurallado** que me **salve**. 4 Porque tú eres mi roca y mi **fortaleza**; por tu nombre me guías y **diriges**.

5 Sácame de la **red** que me han **tendido**, porque eres tú mi refugio.

```
G R A S T R O J O O W M M
C I A B A S E P M A T O N
O X M A D A R R O B Y X J
R C T I B N O C H E K E J
A B A S E F N O C O R P Q
Z O W L S N A V T B E A R
O V S N O N D L M C P H L
N N A O U R E O A L U D P
O R A G H U H D U E I R Y
T N L R S C O C S O X R Z
M A A B E D I O S K T M B
T Q A M P V S D P Q R M Z
```

Salmo 32: Alivio del que confesó su pecado (1-4)

1 **Dichoso** el que es **absuelto** de **pecado** 1 y cuya **culpa** le ha sido **borrada**. 2 Dichoso el **hombre** aquel 2 a quien **Dios** no le **nota** culpa **alguna** 2 y en cuyo espíritu no se halla engaño.
3 Hasta que no lo **confesaba**, 3 se consumían mis **huesos**, 3 **gimiendo** todo el día. 4 Tu **mano** día y **noche pesaba** sobre mí, 4 mi **corazón** se **transformó** en **rastrojo** 4 en pleno **calor** del **verano**.

```
E T O C A N D O D G Q R A
S N E N O T N E R Y R L B
T A M A R Q R A C A I R G
R N D N W E C A I E X U K
E L V N C I N C N O I G B
L F J H A C I T O T B E T
L E O U I T O R A T L R A
A S B O S D V R A L N T A
S T N U O T R E A B C A Y
D E J Q L A O R R E A A C
S J J J E M D S R D R L B
Y E D T I T M Y T P A Q A
B N V R C M Q B A T J D D
```

**Salmo 33: La providencia de Dios cuida
el mundo (1-6)**

1 Buenos, **festejen** al Señor, 1 pues los **justos** le deben **alabar**.
2 Denle gracias, **tocando** la **guitarra**, 2 y al son del **arpa**
entónenle **canciones**. 3 **Entonen** para él un **canto** nuevo,
3 acompañen la ovación con **bella** música. 4 Pues **recta** es la
palabra del Señor, 4 y **verdad** toda **obra** de sus manos.
5 El **ama** la **justicia** y el **derecho**, 5 y la tierra está llena de su
gracia. 6 Por su palabra surgieron los **cielos**, 6 y por su **aliento**
todas las **estrellas**.

```
S A I T S U G N A E T J Y
R O T N M T N O N K L B E
P V L T E O T S R M Q N M
S I T N M R A E C B G P N
O J L B E L G E M R I R O
D P R U C R S E A O E L S
A E O E M A I N L S R E Y
R B M B R I D M P A D E T
T O O A R E N U B L R I S
S C Z I Z E E A I B E A A
U A T C G S L M D M V L C
R B A Y T A U L P O M M D
F N J A R H N O T A S L N
```

Salmo 34: Hagan la prueba y verán que bueno es el Señor (2-7)

*2 Bendeciré al Señor en todo **tiempo**, 2 no **cesará** mi **boca** de alabarlo. 3 Mi **alma** se gloría en el Señor: 3 que lo **oigan** los **humildes** y se **alegren**. 4 **Engrandezcan** conmigo al Señor 4 y **ensalcemos** a una su **nombre**. 5 Busqué al Señor y me dio una **respuesta** 5 y me **libró** de todos mis **temores**. 6 **Mírenlo** a él y serán **iluminados** 6 y no tendrán más **cara** de **frustrados**.*

*7 Este **pobre** gritó y el Señor lo escuchó, 7 y lo salvó de todas sus **angustias**.*

```
A R U D A M R A E T N O P
S S E S C U D O N B Y E Z
E O A C O S A D O S R T R
M D D N L H E P A S P E M
R A X I C E E T E C T Y A
E L F A D L V G A R A I R
R L H R U N U A O B C T D
R I R S A I U C N A M O A
O M A U D C E F R T T O L
C U V O M D A G N N A A C
O H R I A I S S E O N S V
S E V N D E A I E Z C J M
S D P T D A V N A N X G N
```

Salmo 35: Súplica de un justo perseguido. (1-5)

1 **Ataca**, Señor, a los que me atacan, **combate** a los que me combaten. 2 **Ponte** la **armadura**, toma el **escudo**, y te **levantas** para venir a **socorrerme**. 3 Blandes la **lanza** y el **hacha** contra mis **perseguidores**, y a mí me dices: «¡Yo soy tu salvación!»

4 Que sean **humillados** y **fracasen** los que quieren mi **vida**, que **retrocedan** y sean **confundidos** los que **rumian** mi **desgracia**.

5 Que sean como **pelusa** al **viento**, **acosados** por el ángel del Señor.

```
O C S A R B A L A P Q J B
C J O D A C E P F O N D O
L U O N Q O D T A M I R A
S M L S C A H I R O M E T
O E G P D E C C F Y C Y J
B B N L A N P R E A R M T
S U A S U A A T M L A Y Y
T M E N A U G I O L R L Y
I T E N D T N E B U E N O
N R V E K O O A I S O I D
A R B N B Y H R J N K Y L
```

**Salmo 36: Maldad del pecador y
bondad de Dios. (2-5)**

2 Sólo el **pecado habla** *al impío en el* **fondo** *de su corazón;
¡ningún* **temor** *de* **Dios** *ante sus* **ojos**!
3 Se **mira** *con tan* **buen concepto**, *que se* **niega** *a admitir su*
culpa.
4 Sus **palabras** *son* **fraude** *y* **maldad**; *renunció a ser* **sensato**, *a
obrar el bien.*
5 Hasta en su **lecho** *rumia sus maldades; se* **obstina** *en el*
camino *que no es* **bueno**, *no* **renuncia** *al mal.*

```
T R A N Q U I L O D Y L D
S E I D I V N E N Y E B K
A R M S O D A R P N I N X
E C A S P D M J C E O V Z
M O A L O R N O N P J Y T
P M R L L H M A R R E I T
R E V U O I C P S H R A G
E T Z E E R R E A N B J R
S E C N R O E B R R E S L
A N D O N D I S E E O P Y
S A D T M T O I P L D V N
X P O B A E H R L Y T R M
```

Salmo 37: La felicidad será para el justo y la ruina para los impíos. (1-6)

*1 No te **acalores pensando** en los malos ni **envidies** a los que **cometen** maldad. 2 Muy **pronto** se marchitarán como la **hierba**, se secarán como el **verdor** de los **prados**.*

*3 Confía en el Señor y haz el **bien, habita** en tu **tierra** y **come tranquilo**. 4 **Pon** tu alegría en el Señor, él te dará lo que ansió tu corazón. 5 **Encomienda** al Señor tus **empresas**, confía en él que lo hará bien. 6 Hará **brillar** tus méritos como la **luz** y tus **derechos** como el **sol** del mediodía.*

R E P R E N D A I A D A N
S A S U A C H N N A S E P
U O N A S U D D L C A R I
P K Y M E I S O A R D P N
U M D S G A O S D O Q D W
R S O N P C T J D R L Y D
A S A L L I L A O P A C Q
N D U H G O G A E N A F Q
O C W U C R C C V B E M K
V G E W A E A U E A A S Z
M S N C B D L Z R N D N D
G T P Z O L A F O A K O Q

Salmo 38: Oración en la desgracia. (2-6)

*2 Señor, no me **reprendas** en tu **enojo**, ni me **castigues** si estás **indignado**. 3 Pues tus **flechas** en mí se han **clavado**, y tu **mano** se ha **cargado** sobre mí. 4 **Nada** quedó **sano** en mí por **causa** de tu **ira**, nada sano en mis **huesos**, después de mi **pecado**.*
*5 Mis **culpas** llegan más arriba de mi **cabeza, pesan** sobre mí más que un **fardo** pesado.*
*6 Mis llagas **supuran** y están fétidas, debido a mi **locura**.*

```
A B A L L A C O N O Z C A
Y D R T L D D E R E C H O
D E D B M I Y E R T R L D
M N N Z C I S E G I E G A
A T N H Y I E D R N C T L
J R O G G M D N G G I E S
O O B N D O F U T Z U U D
L G A A E R A I A R E E A
Y D E U L D L B N R A N Z
O O Q U Y A A A T R E S Z
R E S N F Z P E R U X J N
P N M L R A J V B G D R M
K X D N B T N R B R O N T
```

Salmo 39: El hombre es poca cosa ante su Dios. (2-5)

2 Había dicho: «Andaré derecho, para que no peque por mi lengua, le pondré a mi lengua una mordaza mientras el malvado se yergue ante mí». 3 Callaba resignado, sin decir palabra, pero me atormentaba al ver su buena suerte; 4 me ardía por dentro el corazón, y el escándalo atizaba el fuego, hasta que al fin se me soltó la lengua.
5 «Señor, haz que conozca mi fin y cuál es el largo de mis días, para que sepa lo frágil que soy.

S F G J Y E E R B L L L M
A E P G R S D R O A K O N
L L X R C R O R S V V J W
L I B U O C O O E E A A B
I Z C L A Y F M U I L F P
V H M B A Z E N A A P I K
A O O E B B N C B L E W Z
R C N P N D A A T S C T X
A S P A O T N R I O L D Y
M O L R T Z I S E F S D Z
P S R R A N O R M P N D Z
D A N N B I A L A D S O T
B P R Y D G Q P R S N E C

Salmo 40: En el libro se me manda que haga tu voluntad. (2-6)

*2 Esperaba, **esperaba** al Señor, él se inclinó hacia mí y escuchó mi **clamor**, 3 me sacó de la **fosa** fatal del **barro** del **pantano**; puso mis **pies** sobre **roca** y aseguró mis **pasos**. 4 Puso en mi **boca** un cántico **nuevo**, de **alabanza** a nuestro **Dios**. 4 Muchos al verlo temerán y pondrán su **confianza** en el Señor. 5 **Feliz** el hombre que cuenta con el Señor, que no **escucha** a los cínicos ni se **pierde** en sus **mentiras**. 6 ¡Cuántas **maravillas** has hecho, Señor, mi Dios, cuántos **proyectos** en **favor** nuestro! Nadie se te puede comparar.*

Soluciones

Salmo 1

```
Z T A M O J M Y D P N A D
O S O H C I D N R S B X R
V E A F O D A E O U M E O
I R T R Q D U D R C J Q R
E O N U M N A L A A H C A
N D U T I V O T L R A E L
T A J O L N S L N M G A N
O C N A E T O I I A T A I
D E M S R F I N E I L V E
S P A M B T O E D N E P D
B L J Z M L M E M R T N M
Z T A M O J M Y D P N A D
W W P D H T Y E L R O D L
```

Salmo 2

```
C A P E G M Y E B R D G M
S C I E L O S D Z C P W O
E O J O N E Z R O R U F E
N S O B E R A N O S N P R
O T N A S F S D S A U P F
I S Y G N A U E V E T O A
C A P E G M Y E B R D G M
A N L R R E L L R I Y A E
N E A R R B O E G Z R R B
L D N G U S U N T R A O S
O A E S M I U R E N G S I
N C S P P N D I L U O L N
V W V T M N T O Y A Z M N
```

Salmo 3

```
O T N O R P X S A L Z A N
Z M Q S Z E O E S C U D O
Q S D L E S S A Z E B A C
Z Y O T T T Z P B Z D V L
S O G I M E N E O V T N M
M N E E D A A E E N M D D
A N A J T Z R R I A D U L
E I Y C A N S A L D E E O
S Q R N U A Q V C R V L D
R A E O R E A M M A B M P
L M N I L D S O N E M D B
A V O T O G W T U G Z V L
V S L S O N A P O Z K J W
```

Salmo 4

```
R E B O S E N R O S T R O
S O I C I F I R C A S Y V
J A O G E I S O S M D I N
M N L R Y D M T R D N B P
W G A L V E R E A O D A V
D U H X I I S D N E Z N L
E S C D G V I C N T A J S
F T U O M R A T U C I E T
E I C J U O E R Z C R R N
N A S G M N C E A O H A A
S R E A D Z R A ñ M M A X
O S L E R F G E M A R J Q
R L R K O Q S D Y A K L B
```

Salmo 5

```
D P P R V I O L E N T O S L
E A E S C U C H A S R I N Y
S L J P Z A A Q A Q M Z W T
T A M D R T R R B P G A X G
R B L I S O I E L R D G B Z
U R C U R T M O P I A O B Z
Y A G L N A R E G S D N T K
E S T E A O D O S A E Z O V
S O M S N M C A V A J E U Q
R O Y K E A O L J X S D X P
W E I E B R A R D L B G Y Q
B T Y D S M P N L B N M D D
```

Salmo 6

```
O O R E P R E N D A S L Q
D L D E T N E M A M U S R
A M P I S A Z R E U F Z G
U S R K C I N U N D O X Q
N S O S T E N E R M E T C
E S E J O Z J N R T Q O W
T E A U O T V E J E N L G
X M T L G R R Z V S I E L
E P O R V I G E U N M N A
N A H L E A T M U I E D A
A P C T R U E S R M I L A
R O E G J N M M A V B R N
G B L W W P J T M C I G M
```

Salmo 7

```
S N M A N C H A D O X D T
N E J U I C I O E L L M K
E R R G J F O T M A N O S
P T D O U D S I O Y D D A
A S T R D A E P G E Z N M
R A O A L I R V S U E B M
T R L P G E U P U D F A B
A R A C S I O G R E L E V
S A O O A J S O E D L E R
X U R V A N D R A S V T D
T E E D L I C D E L R N O
S Q O L O O L E A P N E Z
L L N S O M P S B W P N P
```

Salmo 8

```
D Y E N E M I G O S D C A
A M I C N E N Z Z M O R B
N E D N U F N O C N B N W
Z E Q G N N H A T O I M S
J M S X R O O R R N B O B
Q S G T M A A M F R ñ T J
G Q E B R R N E B I E X N
S L R D I E R D N R P I D
O E O O L I L B E O E E T
L H S R O E O L D Y D J A
E I Y R I C B E A O W D R
I J G D A A R E S S O D J
C O N S P Y R P R T Q Z J
```

Salmo 9

```
O P O N E R B M O N N N M J
D D D D A S O H C E R E D
A S R S M Z A T D J M J E
C A E J E M E E R C U N M
I L U A L N C I I Q E E P
D L C A B O O U P M N R Z
N I E S R A D I I O O O P
I V R T E A T G C C R E B
V A E O D N O I L A R T C
I R L E T S T A D E N A Y
E A S A Z S M A C O U X Y
R M B V B E U E D S Y P X
Z L X P B E N J A O N Q D
```

Salmo 10

```
E B R A P E O R R A B Y D
S Y E R A B R Y M P M B A
C R C B G H Z P O A O D T
U W O E A Y U D M D N M R
C S N I N R E M I E S O G
H A F U O R L M I E I D S
A T O Q S J I M R L E S A
S N R L T R O R A F D T W
V E T D P C O R E N E E R
I U A O N C R N O N E U S
S C S E O E D Z T L E P M
T Z Y S I E K O M G O V D
O W B T R X S L O D R D K
```

Salmo 11

```
S A J U S T A N S J P P P
E T E N S A N Q F A U X R
N R R G L A R L L E N E W
O R R V D I E E S P C T S
B A O N O C A T V T M O O
R M Z D H I O Z O O D E P
A A Y A A T G S U I L B T
C A S Y A S P U D F M L V
M N D R Z U A N F I R I Q
O Y C R J J E R R E E E Y
N O T D E C P A B N R M N
T T Y T N U D K T A X R B
E D Y E Y A C O M T D B W
```

Salmo 12

```
D A S E D L I M U H J Y L D
E R O R R O C O S N V K T B
S R J S G Z B R T Q A B D D
P A X R E B B E A U I E Y J
R N Z L K R R U G N S B T M
E Q A T X V B N E P I Q A L
C U J R I L E M O N X M P L
I E S E T L E J O Y O A O N
A S N O T N A V D H L S B D
D E E T M D E O A A Z U V G
O L M S O E B U B N E K I B
V A M S A L B R C N T M D Q
T E D N E R A A A N E O V D
B L L Z N S F S S N E R G J
```

Salmo 13

```
S T A M L A C M U E R T O S
L A R D N Z I O G I M E N E
A P R I D L T Y R L S S L R
L I Z A U T G O D A A L A R
Q C T M T N R B R L Z L J B
L A I S M L F I V T E O Y W
R N A N U Q U A S G S O N Q
A T B L N G C C R T D O A B
L A O X E I N E O A E M R Q
I R N S O G N A T B R Z O X
C E D N Q J R A G E Y J A N
A P A D T V R I U Q O K X D
V N D N G T T D A S D Z L X
```

Salmo 14

```
Q A R T S E U M S O D O T
P T M M Z P O C Y A D A N
U R A K E D E I O I T W T
E E L S A N N D P S R W T
B B X R N C T M I I A B Z
L U N I L E O I N D C S N
O O S I S R S F R I O N X
H E N Q R T A N E A N V M
Q A T O U M E L I E A N V
D J C N E E O B M L E L X
L N I S E Q D O G I T N B
B N M D M G C A B B R D N
```

Salmo 15

```
C I A S W Z G S F O R J A
A N D K O Y A Q A A Y A N
L O N D N N B G T R I T Q
U C E J T R R S J C B A R
M E I A L A E O I N T O C
N N T Q V R T T B S T R T
I T H I P H S C E O I Q D
A E O D W U E L A M S I G
S S N A J J O R I R N P N
R D R D U M B N M E T E L
N J A R X N A A R A M E B
T J A E T L D O J E N M R
W R J V D J Q Y T O D O Y
```

Salmo 16

```
A E L P A R C E L A C O T
I S J I O S A N E P R B D
C C S D B I S U E R T E L
N O E I G A G D I C H O Q
E G R C R D C U A N E U B
R E B H W E Y I F M L R R
E N M A R D N L O E G E P
H V O G I E A A D N R M G
J G N O R B R R X G E W N
X A S R I E O B U J K S X
S E O O U C K M O D D Z T
S C S F G L G R N W X M Y
```

Salmo 17

```
E M R A T I S I V J T E C
A T C I D A D M V N S A S
A I C N E T N E S C M E Q
O L S R G I N J U I N C R
D O O M M E R H N D L E G
A T B K N N A O A A C U M
C I E P N D S S M T A Y L
E R R P R E N O O R W O G
P G A A X E R E D I S D S
L T N S G E S A M I B E V
R V O O S E D T R I I A L
K X Z S V O L C A P R X L
J R N T V R M P R N T C B
```

Salmo 18

```
N A B A C R E C T T E R Z
T I O S O I D R R S Z Y D
T R R C O L A I C E S N S
F O R M O M K U G E D E P
O T A O P V D D G N T E A
R C Y A D O N U A N O C S
T I S Q D A R I E B O Q O
A V K N G I T R T R F L Q
L M Y U D S R R O U P L X
E N A A U O P R E M I R N
Z S D G T P R R E B A J M
A D N J L R Z T R M I L R
M A M Y Q A G E M Q Q L C
```

Salmo 19

```
A I R O L G H A B L A R B
O L E I C T P N O E Q N Y
A R R E I T X A T D O P G
T R N Y P G M I T T N R L
O T N E M A M R I F C U B
S O I D L S L C V O J E M
Q X T C N E I A N G J X A
Y Z O A S A S F B A O N B
W R R O O E I C S R E C B
P T N B H N L N U U A R E
D A R C E N E L S C Z S D
M A O S L M T E D O H Y G
D N T Z L J R R V Z M E G
```

Salmo 20

```
S J R A I R O T C I V B T A
E S E H O R R O C O S G J B
N A S G O T A B S O J E P E
O N P F V L O G F O T V N L
I T O X R C O R R O E A R S
C U N O A O E C R A R S A T
I A D J I N Y P A B D Z E E
T R A A D L U E O U E O R D
E I M A T N I L C O S B R Y
P O S C G I A X R T M T Q Q
Q P Q I I R E P U O O P O K
L N D A R E N N N A R S M R
M O W G W Q L D D Y J V Y Z
L L W O Z G M O R A W B J N
```

Salmo 21

```
N Y S Q R F P S Z P R Q L
O R O E A A O L R O N O H
R N D V N E F E C A R O S
D A O J S O S N E G A D O
C R J E A E I C U Y D D T
M U D I N I S C A I E T Y
A S M T C L C A I B R R Y
J O A P R O A N N D E T Q
E S S N L Z G R E O N Z L
S L N O R I B E G S R E A
T Y P E M E D M R O E O B
A B U M Y A T O Q Q S R C
D F B N Y L F E Y B Y N P
```

Salmo 22

```
O L I B E R A B A S Y O O
S D A Z N A B A L A R Z Q
A N A S A L V A N T N O M
R A L N B R I O N A I V A
B B I J O S L E L R M I D
A A B Q R D U B A B C S P
L M R A L C N U J E E A N
A A E R N L T A R R D U G
P L S E E N A P B R J U P
G C W H A P S M E A S R D
Q M C S Z E O S O A T I M
K O D R D H Y S N K O P W
N T B Z R Y L O O S V M R
```

Salmo 23

```
R S Q U E B R A D A S X M
E X O S E T I E C A Y C D
C M Z I K S R M S C O P A
O D Q N R O O A I N Q V J
N N Z O T A U T D E E V R
F R I S S G S U S R D B M
O A A M A N C R D A U O K
R P L S A E A E E E P A N
T A T T O C S C N V M V B
A M R E A P W O S L D M T
B O X A M L E P A E V A D
B R Y B V O R R B Q D T T
```

Salmo 24

```
A M A N O S N T J M T E R
S L Z Z S C T S U Y R M W
S E M J A M I N A B L S Y
E J T A U P D F O S A V Y
R S C N G O O S I I O P Z
A A L O A T K P P D U C L
M N T M N T A M K S E M J
M A Q I I T I R O T N A S
V V C E O L I B R A R U J
L E R D R Z W E A I D Z R
R R O R U W Y R N H B B V
A S X N P T R P G E D A G
```

Salmo 25

```
C O N F I A D O Y E T R N
E N E M I G O S T R Z Y O
S L C O S O R E N E G D N
E O Z O N Y R V C S A R C
R P R E N N E O E Z O O Y
E S U E I F M S N R N I C
N B A D D P U O P O D A D
Y E A L A N G N Z E M A X
E D T S V R E C D I R P D
B L I N E A A S N I A A Y
B V E V E L D O R S D R N
O G A V M I S O O T L O R
N T M A O R M S R M K Q S
```

Salmo 26

```
Y P M D L L M J D Q B B A
O T E M A A B E U R P D T
A M O R L D S A S Y N D P
T T O O F V I O T E L A Z
O R S D I E D L S N I J Z
C L A A I A C X E C E A X
Z O B M V T L T N D B U O
E A T L P O R E O A I T C
R O A N S O I A Y S N F P
R M J I E C S O P E R O M
O D R O N I P O I D N W J
B C D O S A S S S M J X D
A X C K Q G T J E N W L N
```

Salmo 27

```
O S A R U Z L U D V I D A
C O R Z P N G B L S N L G
S I A R N E C O O A P Z B
U R R B A A R G Z T E M E
B A R A S T I E R A L M N
M R E A M M I F C A R G T
C T U C E P T B N E L U Z
A N G N O E A Z A O N L G
R O E R M M A R D H C L T
N C T E W N E I O B Q M D
E R R T Q J P R Z M Q G J
```

Salmo 28

```
O H E R M A N O S P W V B
D I N S S Z R M A N O S Y
A T C O C T A P G R I T O
W R R N N U L P O T N A S
G D R E E C C B A J A N
O U D A G L U H O N L D G
S Q A A S R I L A L X M M
Y A R R R T P S A R O C A
V I G A D M R M T U M B A
A O T A E A O E M J B P L
L M Z T H M S Z S D M P V
```

Salmo 29

```
N N D A T S E J A M Y R W
A E S O L E M N E L Y A D
V T R V A L N Y S B S B D
L U O B K I I A D O R E N
E B E I O A R T R D J D Q
U I R R V S B O U R L I M
V R B A L U D M L R T Z H
E T M L M N L F U G G T B
D R O E E I U I P T R I A
N B N L V E C O D U E G A
B J P X R H D N E L U R Z
K S B Z M E A N E A X O L
E X A Y R Y O Y S J V D Z
```

Salmo 30

```
S R P O C O R E O T I R G
W A V I D A R B L X Y O Y
C O N T R A R I O S D M J
F R S T B Y T T F A G N N
I R G A O S L N C O E T T
E C L M N E A A A T S V N
L A M D U A S I N V I A R
E E T V A E S A C S E T Z
S R E A N D C T I A U L L
R D Q O R R N T E M R T R
M X J Z R D A O B W X G P
R O G L D Z E A B R N P Z
```

Salmo 31

```
L R J U S T O P Z D A T E
I E O V L A S J E Q S K L
B C X T N D P F L A C O R
E I A A M U R A L L A D O
R N Z R R A N V S N B D T
A T E Q U E E C I I S V D
R O L D P D F L A E R O J
M Z A I X O C U G D J P T
E D T D D N N I G O E S Z
O R R N I P R M C I E R Z
Z P O E X I Y A E R O Y P
B N F T D Q L N E G J G B
```

Salmo 32

```
G R A S T R O J O O W M M
C I A B A S E P M A T O N
O X M A D A R R O B Y X J
R C T I B N O C H E K E J
A B A S E F N O C O R P Q
Z O W L S N A V T B E A R
O V S N O N D L M C P H L
N N A O U R E O A L U D P
Q R A G H U H D U E I R Y
T N L R S C O C S O X R Z
M A A B E D I O S K T M B
T Q A M P V S D P Q R M Z
```

Salmo 33

```
E T O C A N D O D G Q R A
S N E N O T N E R Y R L B
T A M A R Q R A C A I R G
R N D N W E C A I E X U K
E L V N C I N C N O I G B
L F J H A C I T O T B E T
L E O U I T O R A T L R A
A S B O S D V R A L N T A
S T N U O T R E A B C A Y
D E J Q L A O R R E A A C
S J J J E M D S R D R L B
Y E D T I T M Y T P A Q A
B N V R C M Q B A T J D D
```

Salmo 34

```
S A I T S U G N A E T J Y
R O T N M T N O N K L B E
P V L T E O T S R M Q N M
S I T N M R A E C B G P N
O J L B E L G E M R I R O
D P R U C R S E A O E L S
A E Q E M A I N L S R E Y
R B M B R I D M P A D E T
T O O A R E N U B L R I S
S C Z I Z E E A I B E A A
U A T C G S L M D M V L C
R B A Y T A U L P O M M D
F N J A R H N O T A S L N
```

Salmo 35

```
A R U D A M R A E T N O P
S S E S C U D O N B Y E Z
E O A C O S A D O S R T R
M D D N L H E P A S P E M
R A X I C E E T E C T Y A
E L F A D L V G A R A I R
R L H R U N U A O B C T D
R I R S A I U C N A M O A
O M A U D C E F R T T O L
C U V O M D A G N N A A C
O H R I A I S S E O N S V
S E V N D E A I E Z C J M
S D P T D A V N A N X G N
```

Salmo 36

```
O C S A R B A L A P Q J B
C J O D A C E P F O N D O
L U O N Q O D T A M I R A
S M L S C A H I R O M E T
O E G P D E C C F Y C Y J
B B N L A N P R E A R M T
S U A S U A A T M L A Y Y
T M E N A U G I O L R L Y
I T E N D T N E B U E N O
N R V E K O O A I S O I D
A R B N B Y H R J N K Y L
```

Salmo 37

```
T R A N Q U I L O D Y L D
S E I D I V N E N Y E B K
A R M S O D A R P N I N X
E C A S P D M J C E O V Z
M O A L O R N O N P J Y T
P M R L L H M A R R E I T
R E V U O I C P S H R A G
E T Z E E R R E A N B J R
S E C N R O E B R R E S L
A N D O N D I S E E O P Y
S A D T M T O I P L D V N
X P Ø B A E H R L Y T R M
```

Salmo 38

```
R E P R E N D A I A D A N
S A S U A C H N N A S E P
U O N A S U D D L C A R I
P K Y M E I S Q A R D P N
U M D S G A O S D O Q D W
R S O N P C T J D R L Y D
A S A L L I L A O P A C Q
N D U H G O G A E N A F Q
O C W U C R C C V B E M K
V G E W A E A U E A A S Z
M S N C B D L Z R N D N D
G T P Z Ø L A F Ø A K O Q
```

Salmo 39

```
A B A L L A C O N O Z C A
Y D R T L D D E R E C H O
D E D B M I Y E R T R L D
M N N Z C I S E G I E G A
A T N H Y I E D R N C T L
J R O G G M D N G G I E S
O O B N D O F U T Z U U D
L G A A E R A I A R E E A
Y D E U L D L B N R A N Z
O O Q U Y A A A T R E S Z
R E S N F Z P E R U X J N
P N M L R A J V B G D R M
K X D N B T N R B R O N T
```

Salmo 40

```
S F G J Y E E R B L L L M
A E P G R S D R O A K O N
L L X R C R O R S V V J W
L I B U O C O O O E E A A B
I Z C L A Y F M U I L F P
V H M B A Z E N A A P I K
A Q O E B B N C B L E W Z
R C N P N D A A T S C T X
A S P A O T N R I O L D Y
M O L R T Z I S E F S D Z
P S R R A N O R M P N D Z
D A N N B I A L A D S O T
B P R Y D G Q P R S N E C
```

Felicidades, lo haz completado!

¡Te queremos leer!

La voz de nuestra audiencia es muy importante y determinante para nosotros. Realmente apreciamos conocer tu opinión del libro, nuestro principal objetivo es la satisfacción de nuestros usuarios. Te agradecemos por dejar tu comentario, mejor conocido en la comunidad como: review.

I &C